Züge Aus Dem Leben Der Anna Reinhard, Gattin Des Schweizerischen Reformaters Ulrich Zwingli...

Gerold Ludwig Meyer von Knonau

Züge

aus dem Leben

der

Anna Reinhard,

Gattin des schweizerischen Reformators

Ulrich Zwingli.

Von

Gerold Meyer von Knonau.

Erlangen,

Verlag von Carl Heyder,

· 1835.

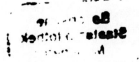

Seiner theuern Freundin

der Frau Justizräthin

Amalia von Bergen

zu Königsberg in Preußen

widmet

dieses Büchlein

in herzlicher Verehrung

der Verfasser.

Vorerinnerung.

„Die höchste Gnade und Gabe Gottes ist es, ein fromm, freundlich, gottesfürchtig und häuslich Gemahl haben, mit der du friedlich lebest, der du darfst all dein Gut, und was du hast, ja dein Leib und Leben vertrauen" sagt unser theure Gottesmann, Doctor Martin Luther, und ihm pflichtet jedes fromme Gemüth bei; findet sich doch dieser Gedanke, wenn nicht gerade mit diesen Worten, doch in diesem Sinne in dem heiligen Bibelbuche. Was Luther an seiner Katharina von Bora für ein großes Gut besessen, meldet er uns häufig, und es ist bekannt, wie er in seiner heitern Frömmigkeit seine Lieblingsepistel, die an die Galater, oft nach seiner Käthe nannte. Wie die Teutschen eine Katharina von Bora haben, so haben die Schweizerinnen ihre Anna Reinhard, deren größter Schmuck gleichfalls züchtige Schamhaftigkeit war, und auch von ihr kann, wie von ihrer sächsischen Schwester, gesagt werden:

Nach vieler Prüfung, groß und klein,
Ging sie zur Himmelspforten ein.

Der Verfasser hat versucht, in Kürze und so weit historische Quellen reichen, einiges aus ihrem Leben mitzutheilen, und er würde sich herzlich freuen, wenn er dadurch auch außer seiner Heimath Freunden der Reformationsgeschichte einen kleinen Dienst hätte erweisen können. Er schließt mit dem Wunsche, daß doch in unserer Zeit, in welcher so viel religiöses Leben sich zeigt, das Studium der seelenstärkenden Reformationsgeschichte immer ernster betrieben werden möchte, denn wenn je eine Zeit, seit unser lieber Herr und Heiland auf Erden wandelte, das goldene Zeitalter des Glaubens und der Liebe genannt werden darf, so ist es jenes, worin Gott einen Luther, Melanchthon, Bugenhagen, Zwingli, Dekolampad, Calvin, Farel und noch so viele andere gottesfürchtige Männer erweckte, und der Christenheit ihr größtes Kleinod, Sein seligmachendes Wort, durch sie wieder gab.

Zürich, 22. December 1834.

Der Verfasser.

Anna Reinhard.

Anna Reinhard, die von manchem Schrift-
steller Geschilderte, von mehr als einem Dichter Be-
sungene und durch ihr merkwürdiges Schicksal als
ein Gegenstand allgemeiner Theilnahme ausgezeichnet,
war die Tochter Oswald Reinhards und der Elisa-
betha Wynzürn. Ihr Großvater, Hans Reinhard,
von St. Gallen, hatte sich 1432 zu Zürich nieder-
gelassen. Sie wurde um 1487 geboren, denn genau
ist ihr Geburtsjahr nicht bekannt. Mit seltener weib-
licher Anmuth der Gestalt und des Geistes war auch
eine edle, feinfühlende Seele und ein kindliches Gemüth verbunden. Bei dem damals beinahe gänzlichen
Mangel an Jugendbildung, die in jenem Zeitalter
bei dem Knaben selten über Lesen und Schreiben
hinausging, und dem Mädchen oft nicht einmal die
erste dieser Fertigkeiten gewährte, konnte ein höherer
Sinn, unter dem Segen Gottes, nur aus der innern Anlage hervorgehen und durch die Nachahmung
schöner Beispiele ausgebildet werden. So reifte die
junge Reinhard zu einer Stufe der Lieblichkeit
heran, daß, ungeachtet in dem zu jener Zeit sehr
lebendigen Zürich, wo Tagsatzungen und angesehene

Fremde sich häufig versammelten, neben den zahl=
reich und glänzend in den gesellschaftlichen Kreisen
auftretenden Zürcherinnen auch Frauen aus andern
Gegenden nicht selten waren, sie dennoch bald die
Aufmerksamkeit auf sich zog. Die Familienschriften
der Meyer von Knonau nennen sie in der einfachen
Sprache jener Jahrhunderte „ein überus schön
Mentsch." Aber was noch mehr ist, von ihrer
Frömmigkeit, Sittsamkeit, Treue, Sanftmuth und
Herzlichkeit sprechen statthafte Zeugnisse der Zeitge=
genossen.

. Einige Jahre älter als sie war Johannes
oder Hans Meyer von Knonau, der einzige
Sohn des Rathsherrn und Reichsvogts Gerold und
der Anna von Hinweil. Ob der Jüngling schon
frühzeitig seine Aufmerksamkeit auf das Mädchen ge=
richtet habe, ist nicht bekannt; zuverläßig hingegen,
daß der Vater den Hans an den Hof seines Vetters,
Hugo von Hohenlandenberg, sandte, des Letzten, der
dem Bisthume Constanz in jener Ausdehnung vor=
stand, die es zum größten in Teutschland machte,
sei es um sich auf diesem glänzenden Schauplatze
in den Formen des vornehmern Lebens auszubilden,
oder vielleicht auch um bereits vorhandene zärtliche
Eindrücke in den Zerstreuungen eines bedeutenden
Hofes erlöschen zu machen. Zu Constanz brachte er
eine geraume Zeit zu. Mittlerweile wurde für ihn
eine Verbindung mit einer Tochter aus einem ange=
sehenen adelichen Hause im Thurgau nachgesucht,
und der Vater, ein ernster Mann, der nach
der Denkweise jenes Zeitalters in den Angelegenhei=

ten seiner Familie ganz nach seinem Willen verfügen
zu können glaubte, fand es angemessen, seinen Sohn
wieder heimzuberufen und jene Heirath in Vollzie-
hung zu bringen. Ein Brief des Bischofs Hugo,
datirt Constanz, Freitag auf Mariä Geburt 1504,
drückt sich hierüber folgendermaßen aus:

„Hugo von Gottes Gnaden
Bischoffe Zu Costantz.

Unnsern gruß voran. Vester Lieber Vetter. Dyn
Sohn so etlich Zyt by unns inn dintst geweßt Ist
bericht unns, wie du Inn, heimb geforderet habest.
der mainung, Inn durch ain Heyrath zu versächen
und wiewol wir nu Inn gern länger by uns inn
Dinst enthallten hetten. So haben wir doch Inn
gnedigklich geurlobt. achten ouch es syge, numals
nütz fruchtbares, dan das er also versächen werde.‟

Hans kehrte nach Zürich zurück, aber in kurzer Zeit war er so von seiner Anna Reinhard
eingenommen, daß er, uneingedenk seiner Bestim-
mung, nur in einer innigen Verbindung mit ihr
die Möglichkeit eines glücklichen ehelichen Daseins
sich zu gedenken vermochte. Von den Ihrigen nicht
mißbilligt, lebte auch in der Seele der kaum noch
aus dem Kindesalter herausgetretenen Anna kein
anderer Gedanke, als der an ihren Geliebten. Man
kannte des Vaters unbeweglichen Sinn. Die Liebe
verhüllte jeden Aufblick an die Folgen des beabsich-
tigten Schrittes und an künftige Schicksale. Ohne
des alten Gerolds Wissen wurden Hans und Anna
eilends und heimlich in einer Dorfcapelle des Cantons

getraut. Erſchütternd war für den Vater dieſes Er-
eigniß. Deſſen Wirkungen mögen die eigenen Worte
des Familienbuches ſchildern: „So bald er die Rein-
hartin hinderrugks und ohne Vorwüſſen deß Vatters
und ganzer früntſchafft genommen hatt Inn der Vatter niemahls mehr begnadet, und Iſt Inn ſyn Huß,
mit wüſſen und an ſynen Tiſch, niemahls mehr
khommen. Es hatt ouch der Vatter die ſchönſten
Cleinoten die diß Geſchlächt gehept, Inn ſölchem
widermut und unwillen verkoufft, vermacht, verſchänkt
und ſynem Tochterman dem Röuſten ouch vil an-
gehenkt." Er ſelbſt verheirathete ſich ebenfalls wieder, und beſtimmte durch ſeinen Heirathsvertrag der
zweiten Ehegenoſſin die lebenslängliche Nutznießung
der zu jener Zeit bedeutenden Summe von 6000
Gulden.

Die erſten Eheſtandsjahre des jungen Paares
waren kinderlos. 1509 beglückte ſie mit Elternfreude
der nachher hiſtoriſch gewordene G e r o l d; ihm folgten
1510 und 1512 zwei Mädchen, M a r g a r e t h a und
A g a t h a nach. Ungeachtet des väterlichen Unwillens
wurde J o h a n n e s doch zu einigen öffentlichen Be-
bienungen und 1510 von der adelichen Zunft in den
großen Rath gewählt, auch vergaß ihn ſein Ver-
wandter, der Biſchof, nicht, wovon ein anderer Brief
deſſelben zeugt, der wieder den aufgeweckten Geiſt
des Zeitalters ſchildert:

„Hugo von Gottes Gnaden
Biſchoffe zu Coſtanz.

Unnſern gruß voran. Veſter lieber Vetter. Wir
thünd dich hieby, zu bewegung, aines luſtigen thrunks

verehren, mit Zwayhundert gediner gangkfiſch, die wölleſt umb unnſertwägen, mit fröwden nieſſen. Dan dir zu Gnaden ſind wir genaigt. Datirt Coſtanz uff Frytag post trium regum Anno Domini 1515."

Von ſeinem Vater getrennt, folgte er mittlerweile jedem Rufe, der Schweizer unter fremde Banner verſammelte, und noch 1513 wohnte er als Schützenfähnrich dem letzten großen Siege der Eidgenoſſen, bei Novarra, bei. Ueberlieferungen melden, einer ſeiner Waffengefährten habe am ſpäten Abend nach dem erfochtenen Siege in einem Briefe in die Heimath von ihm gemeldet: „Der Meyer ſchläft unter den Stucken (Kanonen)." Wenige Jahre nachher fing ſeine Geſundheit an zu wanken; dem Treffen bei Marignano, 1515, wohnte er nicht mehr bei, und am Konradstag, den ſechs und zwanzigſten November 1517, ließ er die ſchon vielfach geprüfte Anna als Wittwe zurück.

Eine neue Ausſicht hatte ſich inzwiſchen zwar nicht den mit ſchweren Mühſalen kämpfenden Ehegenoſſen, aber mittelbar durch das Knäbchen Gerold, den Sprößlingen, die der Großvater auch verworfen hatte, geöffnet. Wenige Wochen, nachdem der alte Rathsherr in immer fortdauerndem und von außenher genährtem Grolle 1512 die Herrschaft Knonau um ſechszehnhundert fünfzig rheiniſche Gulden der Regierung verkauft hatte, ungeachtet zu derſelben bedeutende Gefälle und ſehr weitläuftige Grundſtücke gehörten, wovon der einzige Meyerhof, ungefähr achtzig Jahre ſpäter, um zehntauſend Gulden wieder verkauft wurde, befand er ſich in Geſellſchaft

anderer angesehener Züricher aus dem Vereine der
Böcke, der aus dem alten Zürichkrieg*) herstammt
und jetzt noch in Zürich besteht, auf der Gesellschafts=
stube zur Schnecke, die an die untere Ecke des da=
maligen Rathhauses gegen den Fischmarkt angebaut
war. Das Familienbuch gebe auch hier die That=
sache: „Uff ein Zyt hatt syn deß Hannsen Magt
disen Gerolden, der etwan drüiehrig gewäsen mit
Iro inn den Fischmerkt genommen, dahin sy geschikt
worden fisch zu kouffen, da hat sy denselben gsezt,
inn ein fischerbränten (Kufe) ohne Zwyffel biß sy den
Fischer bezalt hat. Inn sölchem luget (sah) deß
kindts großvatter zum Schnäggen zum fänster uß,
und ersach das Kind Inn der bränten, so fräch (frisch)
unnd frölich sitzen, fraget bald, weß doch das schön lustig
kind were, dem bald geantwortet ward, ob ers nit
känne; es syg synes Sohns, Hansen Meyer.
wie das der großvatter ghört, befalch er ohne Ver=
zug, man sölte, Im das Kind zubringen, namb
dasselbig Inn syne Arm, weinet und seit (sagt), wie=
wol dyn Vatter mich erzürnt, will Ich doch dich
desse nit entgälten lassen, und wil dich an dynes
Vatters statt zum Kind und ehrben annemmen. und
ließ es glych druf heimm inn syn Huß, Inn Meyer=

---

*) Der sogenannte alte Zürichkrieg war der erste schwei=
zerische Bürgerkrieg. Er hatte zwischen den Zür=
chern und den übrigen Eidgenossen Statt, brach
1443 aus und endete 1448, nachdem er manches
Menschenleben gekostet und unendlichen Jammer ver=
breitet hatte.

hoff (in Zürich) tragen. und hielte es da als wan
es syn eigen Kind were, biß das er gstorben, und
volgents hats ouch die Regin (seine zweite Gattin)
das Kind behalten Ir Läben lang." So erwies es
sich auch hier, daß Gott, der Herr, die Unschuld
nicht vergißt, und daß er überschwenglich thun kann
über alles, was wir bitten und verstehen.

 War schon früher die ganze Zeit und Aufmerksamkeit der treuen Mutter und Hausfrau zwischen
den hinwelkenden Gatten und die beiden bei ihnen
gebliebenen Töchterchen getheilt, so wandte sie nach
dem Tode der Großeltern dieselben ausschließlich
auf die Erziehung und Bildung der hoffnungsvollen
Kinder.

Seit dem Anfange des sechszehnten Jahrhunderts
hatten Verwilderung der Sitten und löckerer Sinn
zugenommen. Immer weniger lebten die Menschen
nach den heiligen Geboten Gottes, sondern vielmehr
nach den bösen Gelüsten ihres Herzens. Die Ursache
dieser Verwilderung war vorzüglich das Reislaufen.
Schon war jener Gemeinsinn, der zu Erhaltung
eines Bundesstaates am hauptsächlichsten beiträgt und
durch den gehoben die Bundesglieder örtliche Vor-
theile dem allgemeinen Wohle aufopfern, beinahe
ganz entwichen. Unter dem Getreibe der Leidenschaften sah man nur die Factionen, keine Schweiz mehr;
in dem Wettstreit der dem Auslande sich verkaufen-
den und den Gewinn sich mißgönnenden Häuptlinge
verschwand das Bild schweizerischer Magistrate; die
Waffen waren nicht mehr eidgenössisch, sondern fran-
zösisch, spanisch, päbstlich, kurz dessen, der sie am

beſten bezahlte. Zwar waren die beſſern Stimmen
nie ganz erſtorben. Sie erhoben ſich gegen die Aus=
artungen, aber in die Länge blieben ſie immer zu
ſchwach. Umſonſt beweinten Tauſende von frühen
Wittwen und Waiſen, hülfloſe alte Eltern die Ver=
irrungen der Zeit, und mehr als einmal brachen
wilde Aufruhren des Volkes aus, ohne die Führer
über ihre verbrecheriſchen Mißgriffe zu belehren.

Doch! wenn Menſchenhülf ſcheint aus zu ſein,
ſo ſtellt ſich Gottes Hülfe ein. Zu gleicher Zeit be=
gann ein friſches Leben in der Kirche Chriſti im
nördlichen Teutſchland wie in der Schweiz. In Zü=
rich zuerſt zeigte ſich eine ſchöne Morgenröthe. Ein=
zelne Lehrer erhoben ihre Stimmen, ermahnten un=
ermüdet zur inwendigen Beſſerung des Herzens, lehr=
ten, daß Gott ein Geiſt iſt, und daß, die ihn an=
beten, ihn im Geiſt und in der Wahrheit anbeten
müßen. Man fing an einzuſehen, daß der Haupt=
grund der politiſchen, kirchlichen und religiöſen Ver=
ſunkenheit, in welcher das Zeitalter ſchmachtete, zu=
nächſt in dem allgemeinen Mangel an Kenntniß je=
nes Wortes liege, welches feſt und unbeweglich iſt,
und wann auch Himmel und Erde vergeht, in Ewig=
keit bleibt. Der Gedanke an Gottes Gnade und an
die eigene Hülfloſigkeit führte Viele zur Selbſtprü=
fung. Sie wurden in ihrem Innern bewegt, wandten
ſich in vertrauensvollem Gebete um Hülfe zu Gott,
und wer einmal auf dieſen Punkt gelangt iſt, der
hat den Weg zur Beſſerung gefunden, indem die
heilige Schrift ja ausdrücklich ſagt: „Alles was ihr
betet in euerm Gebete, glaubet nur, daß ihr es

empfangen werdet, so wird es euch werden." Mit
dem Wiederaufblühen der christlichen Kirche erwachte
auch im Reiche der Wissenschaften ein kräftiges, gei-
stiges Leben, und es drang mit seinen erwärmenden
Strahlen an vielen Orten ein.

Anna hatte nichts unterlassen, um ihre Kinder
die Furcht des Herrn zu lehren und in den jungen
Herzen Lernbegierde, Vaterlands= und Menschenliebe
zu begründen. Der Knabe Gerold benutzte die
von Jahr zu Jahr sich ausdehnenden Unterrichtsan-
stalten, und als durch Ulrich Zwingli's heilbrin-
genden Einfluß sich über die Stadt und die Land-
schaft gleichsam ein neues Leben und bei vielen hun-
derten der thätigste Eifer sich verbreitete, so waren
Mutter und Kinder von den ersten, bei welchen dieß
bemerkbar war.

Zwingli, der wohl erkannte, daß von der Bildung der Jugend das Schicksal künftiger Geschlechter
wesentlich abhänge, war unermüdet, um die Gemüther und Anlagen der heranreifenden, für das Gute
empfänglichen Jugend zu erforschen und jedes sich
auszeichnende Talent in seiner Entwickelung zu un-
terstützen. Bald wurde der tiefblickende Mann auch
auf Gerold aufmerksam. Er selbst widmete dem,
wenn schon noch jungen Schüler einen Theil der
durch mannigfaltige wissenschaftliche und öffentliche
Verhältnisse in Anspruch genommenen Zeit, und
führte ihn ein in die erhebende Bekanntschaft der
alten Römer und Griechen. Schon 1520 hielt er
ihn für reif genug, um nach Basel, dem damali-
gen Hauptsitz schweizerischer Gelehrsamkeit gesandt zu

werden.   Dort genoß er des Unterrichtes Rhenans,
vorzüglich aber des Jacob Nepos, eines Mannes,
der eine besondere Gabe für den Jugendunterricht
hatte. Dieser Mann gewann seinen Schüler vor
andern lieb.   „Habt ihr noch viele Zürcher, wie dieser Meyer,“ schrieb er an Zwingli.   „Schickt mir
sie alle, ich will ihr Vater, sie sollen meine Söhne
sein.   Gott erhalte diesen und alle seines gleichen
Dir und mir und dem Vaterlande.“   Noch aus dem
Jahre 1521 ist ein Brief Gerolds an Zwingli
vorhanden, in schönem Latein geschrieben.   Er schil-
dert ihm sein Wohlbefinden, sein glückliches Verhält-
niß zu seinen Lehrern, ihre Verdienste, Basels schöne
Lage und dessen hohen wissenschaftlichen Standpunkt.

Im Sommer 1523 hatte Gerold Meyer zu
Baden im Aargau eine Badecur gemacht.   Nach da-
maliger Sitte, die Badenden mit Geschenken zu er-
freuen, wollte Zwingli auch nicht zurückbleiben, schickte
aber seinem jungen Freunde statt eines Geschenkes
einen Brief in trefflichem Latein, worin er über die
Weise sprach, wie man die Jugend in guten Sitten
und christlicher Zucht ziehen und lehren solle.   Da
dieser Jugendspiegel köstliche Lehren und Ermahnun-
gen zur Gottseligkeit enthält, so heben wir Mehre-
res aus.

Im Eingange sagt Zwingli: Als ich eine
geraume Zeit lang mich selbst fragte, was wohl dir,
mein Gerold, das Angenehmste sein würde, so
überzeugte ich mich endlich, daß das, was dir gefallen könne, entweder etwas Frommes, oder Ge-
lehrtes, oder beides zusammen sein müße; Dieser

Jugendspiegel zerfällt in drei Abschnitte. Der erste zeigt, wie man das zarte Gemüth eines wohldenkenden Jünglings in Absicht auf dasjenige, was sich auf Gott bezieht, unterrichten müsse; der zweite: wie über das, was er sich selbst, und der dritte: wie über das, was er Andern schuldig ist.

Erster Abschnitt. (Glaube.) Vor Allem aus, da es nicht in menschlicher Kraft liegt, das Herz irgend eines Menschen zum Glauben an Gott zu vermögen, auch wenn einer an Beredsamkeit den Perikles übertreffen würde, sondern dieß allein von dem himmlischen Vater abhängt, der uns zu sich zieht, so kommt doch nach den Worten des Apostels, der Glaube aus dem Hören, nämlich aus dem Hören des Wortes Christi. Doch nicht, daß die Predigt des Wortes allein so viel vermöge, wenn nicht der Geist innerlich redet und mahnt. Darum soll man der Jugend den Glauben mit den lautersten und nur mit aus der heiligen Bibel geschöpften Worten einflößen, und damit zugleich Gebete zu Gott vereinigen, der allein Gläubige erweckt, damit er denjenigen, welchen wir mit dem Worte unterrichten, selbst durch seinen Anhauch erleuchte. — (Der Mensch.) Auf diesem Wege wird das jugendliche Gemüth das Geheimniß des Evangeliums erfassen, es wird vor allem aus, den Zustand des ersten Menschen erfahren, nämlich, daß er des Todes gestorben, nachdem er das Gebot Gottes übertreten, so daß er durch seine That die ganze Nachkommenschaft zu Sündern machte. Es wird seinen Presten auch daraus erkennen, wenn es lernt, daß wir in Allem aus

Leidenschaften (ἐκ τῶν παθῶν) handeln, Gott aber
sehr ferne davon sei, woraus unzweifelhaft folgt, daß
auch wir denselben ganz fremd sein sollen, wenn wir
mit Gott zu wandeln wünschen. Denn so wie der
Unschuldige keinen Umgang mit dem Schuldigen hat,
und umgekehrt der Bösewicht den Gerechten nicht zu
ertragen vermag, so kann auch niemand bei Gott
sein, als wer ohne Mackel wandelt und heilig ist,
wie Gott selbst heilig ist, und wer ein reines Herz
hat. Denn selig sind, die reines Herzens sind, sie
werden Gott schauen. Auf welche Weise werden wir
aber eine so vollkommene Unsträflichkeit erwerben, die
wir von allen Seiten mit den unreinsten Leidenschaften umlagert sind? Wir müßen, wir mögen wollen
oder nicht wollen, uns an Gott ergeben, und uns
seiner Gnade überlassen. (Christus.) Hier geht uns
das Licht des Evangeliums auf. Denn aus den
Nöthen, in denen wir uns befinden, enthebt uns
Christus, der uns weit besser frei macht, als kein
Jupiter Servator, indem er vor Allem unser Ge-
wissen, das der Verzweiflung nahe ist, aufrichtet,
und wenn es durch die gewisseste Hoffnung mit ihm
verbunden ist, bald glücklich macht. Da er selbst
von jedem Gebrechen irgend einer unreinen Leidenschaft durchaus frei ist, weil er von dem heiligen
Geiste empfangen und von einer unbefleckten Jung-
frau geboren ist, so hat er zuerst zu unserer Erlösung diese Unschuld für uns dahingegeben, denn er
trug wahrhaftig unsere Krankheit, und lud auf sich
unsere Schmerzen, und dann macht er diejenigen
selig, welche dieß unerschütterlich glauben. Denn

wer an diese von Gott durch Christum dem armen
Menschengeschlechte verliehene Begnadigung glaubt,
wird selig, ein Miterbe Christi werden und wird in
Ewigkeit bei dem Vater frohlocken, indem Christus
will, daß da, wo er ist, auch sein Diener sei.
Christi Unschuld für uns Schuldige, oder vielmehr
für uns Verdammte dahingegeben, spricht uns frei
von Sünde und Schuld, und macht uns hauptsächlich
aus diesem Grunde Gottes würdig, weil er selbst
die Größe und das Maß der göttlichen Gerechtigkeit
erfüllen konnte, da er von allen unreinen Leiden=
schaften durchaus rein war. Denn ungeachtet er
dieß und so groß ist, nämlich Gott, so ist er doch
der Unsrige geworden. Daraus folgt, daß jene Ge=
rechtigkeit, die uns allein mangelt, nämlich die sei=
nige, die unsrige geworden ist, denn er ist uns von
Gott gemacht zur Weisheit, zur Gerechtigkeit, zur
Heiligung und zur Erlösung. So haben wir nur
durch ihn Zutritt zu Gott, denn er ist der Unsrige,
das Pfand der Gnade Gottes, der Fürsprecher, der
Bürge, unser Erstes und Letztes. — (Wahrhaft
gute Werke.) Wer also das Geheimniß des Evan=
geliums auffaßt, der bestrebt sich auch rechtschaffen
zu leben. Deßwegen muß man dasselbe so viel als
möglich lauter und beflissen verkündigen. Auch muß
die Jugend zeitlich gelehrt werden, durch welches
Verhalten wir Gottes Wohlgefallen am meisten er=
langen, nämlich durch dasjenige, das er immer ge=
gen uns anwendet, durch Gerechtigkeit, Treue und
Erbarmen. Da Gott ein Geist ist, so kann er nur
durch das geistliche Opfer eines ergebenen Gemüthes

recht verehrt werden. Darauf muß also der Jüngling seine Beflissenheit richten, daß er frühzeitig ein
braver Mann zu werden trachte, der unsträflich und
Gott möglichst ähnlich sei. Denn da Gott allen
wohlthut und Niemandem Schaden zufügt, es sei
denn, daß jemand zuvor sich selbst in Schaden ge-
setzt habe, eben so ist auch derjenige, welcher sich
bestrebt, Allen zu nützen, Allen Alles zu werden
und von allem Unrecht seine Hand abzuziehen, Gott
am ähnlichsten. Diese Dinge sind allerdings schwierig, wenn wir unsere Kräfte erwägen; alle Dinge
sind aber möglich, dem, der da glaubet.

Zweiter Abschnitt. (Studium der Theologie.)
Auf keine Weise kann der Jüngling sein Gemüth
besser ordnen, als wenn er das Wort Gottes Tag
und Nacht in seinen Händen hat. Dieß wird er
aber auf eine angemessene Weise thun, wenn er die
hebräische und griechische Sprache wohl inne hat,
weil er ohne die eine weder das alte, ohne die andere weder das neue Testament schwerlich richtig auf-
fassen und verstehen kann. — (Genuß des Weines.)
Die Uebersättigung im Weine soll der Jüngling wie
Schierlingssaft fliehen, denn sie treibt den jugendlichen Körper, der schon von sich selbst zur Heftigkeit
geneigt ist, zum Wahnsinn, sie vergiftet das auf
uns wartende Alter bereits im Keime, und so kommt
es, daß, wenn wir dasselbe erreichen, wir Krankheit
statt Ruhe finden. — (Kleidung.) Eben so halte
ich dafür, es sei nichts thörichter, als durch kostbare
Kleider sich auszeichnen zu wollen, da durch dieses
Mittel auch die Maulthiere des Pabstes sich aus-

zeichnen und berühmt werden könnten, denn da Sie stark sind, so vermögen sie mehr Gold, Silber und Edelgesteine zu tragen, als kein Milo.

Dritter Abschnitt. (Wie man leben soll.) Ein edles Gemüth wird zuerst bei sich selbst überlegen: Christus hat sich für uns hingegeben und ist der Unsrige geworden, denn wir sind nicht geboren, damit wir uns selbst leben, sondern damit wir Allen Alles werden. Das sind schwache Gemüther, die nur darauf sehen, daß ihnen ein ruhiges Leben zu Theil werde, und die nicht eine so Gott ähnliche Gesinnung haben, wie diejenigen, welche Allen auch mit eigener Gefahr nützlich zu werden sich bestreben. Man muß sich hierbei aber wohl hüten, daß das, was man zur Ehre Gottes, des Vaterlandes und für das allgemeine Beste unternimmt, nicht vom Teufel oder von der Selbstliebe verfälscht werde. — (Spiele.) Spiele mit seinen Altersgenossen und zur rechten Zeit, erlaube ich gerne, doch nur verständige und solche, die zu Leibesübungen nützlich sind. Unter die verständigen gehören die Zahlenspiele, welche die Arithmetik lehrt, oder das Schachspiel, wobei die verschiedenen Züge der Figuren, die Zögerungen, Wendungen und Nachstellungen Geistesübungen sind. Dieses Spiel lehrt vor allen andern, daß man nichts Unbesonnenes unternehme; doch ist auch darin ein Maß und Ziel zu beobachten, denn es giebt Leute, die mit Beiseitsetzung aller ernsthaften Beschäftigungen allein bei solchem stecken bleiben. Nur in Mußestunden und nebenbei darf man sich damit beschäftigen. Spiele mit Würfeln und jenen Bilderchen,

die man Karten nennt, verwerfe ich ganz (εἰς κό-
ρακας relegamus) Leibesübungen sind Laufen,
Springen, Steinstoßen, Fechten und Ringen, doch
muß man das Letztere mit Umsicht thun, weil es
oft schon ins Ernsthafte überging. — (Wahrheits-
liebe.) Christus ist die Wahrheit, also soll auch ein
Christ aufs festeste an der Wahrheit halten. Ein
doppelsinniger Mann ist in allen seinen Wegen un-
beständig. Nichts kann mit Sicherheit dem anver-
traut werden, der ungleich spricht. — (Christus soll
das Ziel unsers Lebens sein.) Um kurz zu sein, der
Jüngling muß sein ganzes Bestreben dahin richten,
daß er Christum aufs reinste auffasse; hat er aus
dieser Quelle geschöpft, so wird er sich selbst zur
Regel dienen. Wenn er recht handelt, so wird er
nie verzagen, nie sich überheben; er wird täglich zu-
nehmen, er selbst aber wird glauben, er nehme ab;
er wird vorwärts schreiten, er selbst aber wird sich
für den Letzten von Allen halten; er wird gegen Alle
Gutes wirken, er selbst aber wird sich nichts zurech-
nen; denn so handelte auch Christus. Vollkommen
wird der sein, der sich vorsetzte, einzig Christum
nachzuahmen.

Schon waren mehr als fünf Jahre verflossen, seit
Zwingli's Lehramt und sein weitverbreitetes Wirken
in Zürich begonnen hatte. Mit der gänzlichen Um-
gestaltung der kirchlichen Einrichtungen, mit ihrer
Zurückführung auf die Grundsätze des apostolischen
Christenthums war auch seit dem Jahre 1523 die bis
auf die Zeiten Papst Gregors VII. in Uebung ge-
wesene Priesterehe wieder von der erneuerten Kirche

aufgenommen worden. Die Ungebundenheit, welche
vorher bei einem großen Theile der Geistlichkeit herr=
schend war, brachte es dahin, daß man anfing, die
eheliche Verbindung von dem christlichen Lehrer wirk=
lich zu fordern. Allerdings waren die ersten Beispiele
wegen ihrer Neuheit auffallend, dennoch wurden
solche Vereheligungen immer häufiger. Gleichwohl
ließ Zwingli manchen vor sich hergehen; doch auch
er entschloß sich gerade in dem vierzigsten Jahre sei=
nes Lebens zu dem wichtigen Schritte, der ihn nun
unmittelbar mit der bürgerlichen Gesellschaft verband.

Schon seit seinem ersten Auftreten war Anna
Reinhard eine seiner aufmerksamsten Zuhörerinnen
gewesen. Ihre Frömmigkeit, Bescheidenheit, Mut=
tertreue konnten dem Seelsorger, in dessen Nähe sie
wohnte, nicht verborgen bleiben. Gerold und des=
sen kindliche Liebe für den Lehrer und Leiter seiner
Studien wurden das Mittel, den Pflegvater und
die sorgsame Mutter noch näher mit einander zu
verbinden. Bereits hatte Anna die Jahre der Ju=
gend zurückgelegt. Schwere Erfahrungen hatten ih=
rem ganzen Charakter und Benehmen einen Ernst
eingeflößt, aus welchem ihre stillen, aber thätigen
Tugenden desto schöner hervorleuchteten. Gering
war ihr eigenes Vermögen. Es bestand aus mehr
nicht als vierhundert Gulden. Aus dem ansehnlichen
Nachlasse, der nach dem Tode des Großvaters und
der zweiten Großmutter den Kindern zufiel, war ihr
nur ein bescheidenes Leibgeding von dreißig Gulden
vorbehalten. Innige Gottesfurcht und vieljährige
Ausübung des Lehramtes hatten Zwingli erkennen

gelehrt, daß die Ehe der wichtigste Schritt des mensch-
lichen Lebens ist.   Er selbst nennt sie in seinen
Schriften „ein hochheiliges Bündniß," führt die
Stelle aus dem Briefe an die Epheser, 5. Capitel,
an, wo der Apostel die Ehe ein Abbild der großen,
herrlichen Verbindung zwischen Christus und der Gemeine nennt, und bemerkt darüber: „Daß wie
Christus für die Seinigen gestorben, und so ganz
der Ihrige geworden, also sollen auch die Ehegatten
wechselseitig Alles für einander thun und leiden; der
Mann als das Bildniß Gottes soll vornähmlich sein
Weib lieben, schützen, sich für dasselbe hingeben,
das Weib dem Manne allein anhangen mit Liebe und
Treue.   Dadurch werden die Ehegatten Gott am
allerähnlichsten, da hinwiederum Gott sich herablasse,
sich und seine Kirche mit dem Namen Mann und
Weib zu bezeichnen."   Zwingli entging die tiefe
Weisheit der Sprüche nicht: „Daß ein Weib, das
Gott, den Herrn, liebt und sich stets in der Tugend
übt, viel edler ist, als die köstlichsten Perlen;" so
wie, „daß ein kluges Weib das Haus bauet, ein
thörichtes aber es niederreißt."   Der seltene Men-
schenkenner wußte, daß die größten Bemühungen des
Vaters für die Bildung der Kinder, insbesondere für
die zärteren Gefühle des Herzens, für Frömmigkeit
und Häuslichkeit, beinahe immer ohne Wirkung sind,
wenn nicht das Weib durch inniges Anschmiegen an
den Gatten aus Einem Sinne und Einem Geiste
mit ihm zusammenwirkt, wenn es nicht ihm hilft,
mit zarter Hand die jungen Pflanzen zu warten und
zu pflegen, wenn es nicht unablässig mit ihm die-

selben im Gebete dem Herrn empfiehlt, und Ihn,
der die Kindlein zu sich kommen lassen will, bittet,
er möge die üppigen Ranken beschneiden, das Un-
kraut aus ihren Herzen ausjäten, und die jugendlichen Seelen ganz zu seinem Eigenthum sich machen.
Zwingli hatte gesehen, wie Anna, in schwieriger
Lage, und häuslicher Mißverhältnisse ungeachtet, als
Gattin, Mutter und Tochter sich ausgezeichnet, und
daß in ihren Kindern bereits edle Früchte einer sorgfältigen christlichen Kinderzucht heranreiften.   Als
kirchlicher Vorsteher fühlte er tief, daß für einen
Seelsorger die eheliche Verbindung nur mit einer
Gattin, die solche Eigenschaften besitzt oder doch ihnen nachstrebt, glücklich und gesegnet sein kann.

Am zweiten April 1524 fand ihre Vermählung
Statt.   Von diesem Tage an betrachtete sich Anna
nur als die Gehülfin des Mannes, auf dessen öffentliche Stellung viele tausend Blicke und Erwartungen
gerichtet waren.   Schon vorher eingezogen und be-
scheiden entsagte sie gänzlich jedem kostbaren Schmuck
von Kleidern oder Kleinodien, die ihr von der frü-
hern Verbindung her geblieben waren.   Dem Gatten,
den mannigfaltige Berufspflichten, schriftstellerische
Arbeiten, ein ausgebreiteter Briefwechsel, Besuche
und Anfragen von Hohen und Niedern in stets an-
gestrengter Thätigkeit erhielten, erleichterte sie dieselben, wo und soviel sie konnte.   Sie erheiterte seinen
Geist in trüben Stunden.   Ihr verständiges und
unbefangenes Urtheil dienten ihm nicht selten als
gewichtiger Rath, und bei dem allgemeinen Vertrauen, das sie genoß, und bei dem reichen Schatze

ihres ganz für Gott und ihre Mitmenschen schlagen=
den Herzens befriedigte und beruhigte sie, wenn der
Gatte von Geschäften überladen, sich nicht jedem
Besuche unbedingt hingeben konnte, manches des
Trostes und Rathes bedürftige Gemüth durch die
freundliche und herzliche Auskunft, den ihr theilneh=
mendes Wort ihnen gewährte. Die Armen fanden
bei ihr stets Gehör. Die Kranken besuchte sie, in=
dem sie wohl wußte, daß es eine gottgefällige Hand=
lung ist, unglückliche Menschen aufzusuchen, und
daß unser Heiland sagte: „Was ihr gethan habt
einem unter diesen meinen geringsten Brüdern, das
habt ihr mir gethan.“ Zwingli theilte ihr viele
seiner Schriften vor dem Abdrucke mit, und ihr
Urtheil war ihm nicht unwichtig. Die ersten Ma=
gistratspersonen Zürichs, die Prediger und übrigen
Gelehrten, die sich häufig in seinem Hause einfan=
den, waren alle voll Achtung für die verständige
Hausfrau und für ihr zwar immer bescheidenes und
schüchternes, aber nur desto richtigeres Befinden, das
oft durch bloße Fragen manchen raschen Gedanken
milderte. Unter diesen gelehrten Männern zeichneten
sich vorzüglich folgende aus: Leo Judä, Ceporin,
Pellican, Heinrich Bullinger, Zwingli's Nachfolger,
der Vorsteher oder sogeheißene Pfleger der Benedic=
tiner = Abtei Einsiedeln, Freiherr Theobald von Ge=
roldseck, der sich im Einsiedlerhof zu Zürich aufhielt,
der Johanniter=Commenthur und nachherige Pfarrer
zu Küßnacht, Konrad Schmied, später Georg Mül=
ler, Abt des Cistercienserklosters Wettingen.

Auch dieser neue kurze Ehestand war ungeachtet

seiner glücklichen und gesegneten Seite doch mit schweren Bekümmernissen erfüllt. Stete Drohungen und
Nachstellungen waren auf Zwingli gerichtet. Seine
Abreise nach Bern zur Disputation, 1528, diejenige
auf das Religionsgespräch zu Marburg, 1529, wo-
hin ihn der Landgraf von Hessen, Philipp der Groß-
müthige, mit andern Theologen berufen hatte, mußten in Geheimnisse verhüllt werden, und dennoch
fiel bei der ersten Reise in der Nähe von Mellingen
auf ihn und seine zahlreiche Begleitung unversehens
ein Schuß. Als 1529 die unglücklichen Mißverhältnisse in Religionssachen die Eidgenossen von beiden
Seiten zahlreich ins Feld führten und die bewaffne-
ten Schaaren auf der Grenze der Cantone Zürich und
Zug einander gegenüber standen, mußte ihr Gatte
als erster zürcherscher Geistlicher ebenso im Felde,
wie vorher zu Hause, die öffentlichen Gefahren theilen; doch versöhnten die entzweiten Brüder bald sich
wieder. Kein Blut floß, und der Gatte und Vater
kehrte glücklich wieder zu den erfreuten Seinigen
zurück.

Nach kurzer Zeit loderte die Flamme der Zwie-
tracht wieder auf. Die Erbitterung zwischen den beiden Religionstheilen stieg immer höher, und in eben
dem Maße, wie die Gefahr von Außen sich ver-
mehrte, verschwand in Zürich unter denen, die sich
zu der Reformation bekannten, insbesondere bei vielen bedeutendern Männern die bisher bestandene Zu-
sammenstimmung. Die Klugheit, mit welcher die
öffentlichen Angelegenheiten waren geleitet worden,
wurde nicht mehr beibehalten. Rasche Männer, die

in Allem durchgreifen wollten, verkannten bei ihren
Rathschlägen das Bedürfniß einer sorgfältigen Umsicht,
die bisher das Ganze zusammengehalten hatte. Man
wollte mit einem Male Alles verbessern, aber man be-
schränkte sich nicht auf das Nothwendige. Tief wirkte
auf die meisten der bisher angesehenern Familien die
Maßregel, durch welche die Stellvertretung der adelichen Zunft im kleinen und großen Rathe bedeutend
vermindert wurde. Sie war nothwendig geworden,
weil man die Erfahrung gemacht hatte, daß der größere Theil derselben der Reformation beharrlich abgeneigt war, und bei jedem Anlasse deren Beförderung entgegenwirkte. Noch tiefer und in mannig-
faltigere Verhältnisse vieler zürcherschen Familien aus
allen Classen eingreifend waren die Vorkehrungen,
welche man aus Veranlassung der sehr hochgestiegenen
Theuerung des Getreides gegen die Müller und
Bäcker traf. Viele Personen, unter diesen solche,
die den bisherigen Verbesserungen ganz zugethan
waren, und sich durch Thätigkeit und festen Sinn
ausgezeichnet hatten, wurden theils lau, theils der
Sache überhaupt und ihren Führern ganz abgeneigt.
Diejenige Mehrheit, welche im großen Rathe sich
meistens vereinigt hatte, um wichtige Beschlüsse zu
fassen, war oft nicht mehr vorhanden, wenn dieselben folgerecht ausgeführt werden sollten. Schwan-
kungen und gefährliche Gegenwirkungen gingen daraus hervor; aber auch dieß belehrte die Heftigern
nicht. Die meisten älteren Magistratspersonen, welche
noch an der Spitze standen, überließen sich nun den
Empfindungen der Eifersucht gegen diejenigen, welche

sezt oft ihren Einfluß überwogen.   Immer mehr
gaben sie den ganz feindseligen Stimmen Gehör, die
ihnen einflüsterten, man müße der emporstrebenden
Partei in Allem entgegen wirken, wenn man nicht
unbedingt von ihr fortgerissen und ganz übermannt
werden wolle.   Aeltere bißherige Kriegsanführer ver=
schmerzten es nicht, daß der Landvogt von Kyburg,
Rudolf Lavater, zum obersten Kriegsanführer war
ernannt worden, und gleichwohl blieben sie und andere,
deren Abneigung offenkundig war, an ihren Plätzen.
Die fünf Orte: Luzern, Uri, Schwyz, Unterwalden
und Zug hatte man schon früher durch die Sperrung
der Getreidezufuhr noch mehr erbittert, und während
daß sie fester als je sich aneinander schlossen, ver=
säumte man in Zürich es ganz, sich in einen ange=
messenen Vertheidigungszustand zu setzen.

Ungeachtet am Abend des neunten Octobers 1531
ein Bote nach dem andern den Aufbruch und die
Annäherung der fünförtischen Kriegsschaaren verkün=
digte, vermochte der Bannerherr Schweizer es nicht,
den kleinen Rath zu bewegen, sogleich eine Kriegs=
schaar ihnen entgegenzusenden.   Erst als am zehnten
früh die unwiderlegliche Kunde eintraf, aus dem
biedern Volke der Herrschaft Knonau habe eine An=
zahl Entschlossener sich beim Kloster Cappel versam=
melt, und fragte laut, ob sie denn verlassen oder
vollends verrathen seien, wurden einige hundert Mann
dahin geordnet, und über diese setzte man zum An=
führer Georg Göldli, dessen Bruder schon längst von
Zürich nach Luzern entwichen war, damals bei dem
katholischen Heere in Zug stand, und der selbst bald

nachher Zürich für immer verließ. Umsonst drangen
kräftige und überlegende Männer darauf, daß man
den Landsturm ergehen und mit dem Banner, wel=
chem man gewohnt war, die größere Heerschaar nach=
folgen zu lassen, ausziehen möchte; doch erst des
Nachmittags wurde der große Rath versammelt, und
nur am Abend beschloß dieser den Landsturm, den
hin und wieder verrätherische Aussenblinge unter dem
Vorwandte hemmten, er sei nicht im Willen des
Rathes. Nicht früher als in dieser Nacht erging
auch die Mahnung an die verbündeten Städte, wenn
schon mit der zu späten Aufschrift: „Eilends, ei=
lends, eilends.“ Von den Ufern des Zürichsees
führten Theilnahme und Pflichtgefühl einzelne Hau=
fen nach Cappel. Aus den untern Gegenden gin=
gen Freiwillige nach Bremgarten.

Langsam und ohne planmäßige Führung zog
man zu dem vor dem Rathhause am Morgen des
eilften Octobers ausgesteckten Banner. Schon er=
müdet waren von schnellem Nachtmarsche und vom
langen Harren die Unerschrockenen. Für Pferde zu
Fortschaffung des damals sehr schwerfälligen groben
Geschützes und der Wagen war keine Vorsorge ge=
schehen, und sie mußten eilends und wie man konnte
zusammengebracht werden. Nur ungefähr siebenhun=
dert Mann waren um zehn Uhr versammelt, unter
ihnen viele Greise und ältere Männer, die der hei=
ligen Sache, für die man Alles zu wagen bereit
war, standhaft ergebenen Glieder des kleinen und
großen Rathes, viele der ausgezeichnetern Geistlichen,
die der Kirchenverbesserung beigepflichtet hatten, neben

ihnen die rüstigsten aus den Bürgern und näher woh=
nenden Landleuten. Noch war mancher nicht vollstän=
dig gerüstet, keine gehörige Eintheilung geschehen, aber
neue Nachrichten von dem Herannahen der Gegner er=
laubten kein Zögern, wenn man nicht die kleine Schaar
bei Cappel der überlegenen Macht eines kühnen und
im Kriege erfahrenen Feindes aufopfern wollte. Stille
und ernst war der Aufbruch, nicht geräuschvoll, wie
wenn kriegslustige, auf ihre Zahl vertrauende Schaa=
ren, wohlgeordnet und durch jugendlichen Sinn hö=
her gestimmt, sich in Bewegung setzen. Große Pflich=
ten, enge und heilige Bande zogen manchen der zum
Kampfe Entschlossenen an diejenigen, die, mit ban=
gen Besorgnissen erfüllt, ihn, so lange als es noch
möglich war, zurückhielten. Zwingli, vom Rathe
aufgefordert, das Banner zu begleiten, entsprach
willig dem Rufe; aber auch sein Scheiden von der
innigst geliebten Gattin, den theuern Kindern, von
zahlreichen Freunden, die sich um ihn drängten, war
schwer. Das Zurückweichen des Pferdes in dem Au=
genblicke, wo er es bestieg, erfüllte alle mit bangen
Besorgnissen. Er selbst war standhaft, aber tief er=
griffen und nachdenkend, und schied von den Seini=
gen mit großer Bewegung.

Es war nahe an eilf Uhr, als der kleine Haufe
Zürichs Thore verlassen hatte, und noch war die
Berghöhe vor ihm, als der Donner des schweren
Geschützes ihm schon über die Lücke des Albis her
Beschleunigung zurief. Mit dem geliebten Gatten,
hatte Anna ihren Sohn, Gerold, und noch an=
dere ihrer Nächsten in dem kleinen Häufchen weg=

3

ziehen sehen, wohl bewußt, welchem großen gefahr-
vollen Zwecke dasselbe sich weihe; aber sie gehörte
nicht zu denjenigen selbstsüchtigen Wesen, die an
keine Pflicht der Hingebung für die heilige Gottes-
sache, die an kein Vaterland glauben, sondern nur
ihrer moralischen Schwäche unterthan, bloß ihren
eigenen Zwecken und eiteln Neigungen leben, unbe-
kümmert, was aus dem Reiche des Herrn und was
aus der irdischen Heimath werde. Obgleich die Schwere
des Abschiedes ihre Seele erfüllte, hatte sie ihrem
Geliebten denselben nicht schwierig gemacht, und das
nämliche Vertrauen durch Christum zu Gott, das
in so mancher bangen Stunde sie schon emporgehalten
hatte, war auch jetzt ihre einzige, aber feste Stütze.
Zwingli, der das schwarze Gewitter schon Monate
lang sich sammeln gesehen, und dessen Anrücken, und,
nach mancher einzelnen überlegten und ernsten Aeu-
ßerung, dessen gewaltsame Wirkung auf ihn selbst
erwartet hatte, blieb auch jetzt der Nämliche. Mehrere seiner Begleiter sahen und hörten ihn, wenn
er etwa auf dem Zuge einzeln ritt, eifrig betend,
seine Kirche und sein Vaterland inbrünstig Gott dem
Herrn empfehlen; aber sobald jemand ihn ansprach,
war er ruhig und gefaßt und voll des Friedens, der
die Frucht eines glaubensvollen Gebetes ist. Als
auf dem Albis der Schützenhauptmann, Wilhelm
Tönig, rieth, man sollte die Zurückgebliebenen er-
warten, stimmte er zu denjenigen, welche forteilen
wollten; aber ohne an den Vorwürfen Theil zu
nehmen, die mehrere dem kriegserfahrenen Hauptmann
machten, sprach er: „Soll mann Sich erst lange

hier samlen, bsorg ich es werde unseren Biderben Leuthen zu Spath, und füget sich gar nit, daß wir hier standind und die unseren drunden leiden laßind, und es noch darzu hörend. Ich will recht in dem nammen Gottes zu den Biderben Leuthen und willig mit ihnen und under ihnen sterben oder Sie helffen erretten." In ähnlichem Sinne äußerte er sich gegen Andere, und noch auf dem Schlachtfelde erwieberte er die Worte Leonhard Burkhards, des Bäckers von Zürich: „Meister wie gefalt euch dise Sach, sind die reben gsaltzen, wer wil Sie auseffen." „Ich und mancher Bidermann der hier stath in Gottes hand, deß wir lebendig und todt sind," worauf Burkhard antwortete: „Ich wil auch helffen auseffen und mein Leib und Läben tröstlich waagen." Bullinger, der dieß erzählt, setzt hinzu, was er auch redlich an der Schlacht that.

Gut angeführt, hatte das überlegene katholische Heer zu Zug und in den näher liegenden Dörfern während der Nacht ausgeruht, gegen Mittag sich den Zürchern genähert, seinen Absagbrief (die Kriegserklärung) ihnen zugeschickt, und dann bedächtlich den Angriff zuerst vom Islisberge her mit Kanonenschüffen begonnen. Bereits standen beide Schlachthaufen sich nahe, als das zürchersche Banner nach drei Uhr eintraf. Nicht nur wurde Göldli, sondern auch der Schützenhauptmann, Peter Füßli, der bis an seinen Tod, 1548, dem alten Systeme zugethan blieb, verderblicher Maßregeln beschuldigt. Sei es aus Mangel an Einsicht oder gutem Willen der Anführer, die Stellung des zürcherschen Schlachthaufens war

nicht gut gewählt, bloßgegeben die Linke, nicht be=
rechnet der Fall eines Rückzuges, den ein schlam=
migter Graben erschwerte.   Sogleich traten die an=
gekommenen Zürcher, so wie sie sich einfanden, in
die Reihen der Kämpfer; aber sie reichten nicht mehr
hin, das Schicksal des Tages zu wenden.   Bald
war jene gefährdete Linke von einer muthigen Schaar
der fünf Orte umgangen, und von der Seite ange=
griffen.   Eine Bewegung, die gerade nach der An=
kunft der Hülfe vorgenommen wurde, benahm dem
groben Geschütze die Möglichkeit, den einbrechenden
Gegnern zu schaden.   Ein Theil des Schlachthaufens
wankte, der Rückzug begann und wurde bei Vielen
zur Flucht; aber unerschüttert hielten diejenigen
Stand, die ohne die Gefahr oder die Zahl zu berech=
nen, nur ihre Pflicht und den hohen Werth der
Sache bedachten, um deren Entscheidung es in die=
ser Stunde sich handelte.   Groß war ihr Verlust,
sieben Glieder des kleinen Rathes, neunzehn des
großen, vier und sechzig andere Bürger von Zürich,
im ganzen fünfhundert zwölf, büßten mit ihrem Le=
ben für die Fehler der schlechten Veranstaltung, der
meiste Theil von ihnen auf dem Schlachtfelde selbst.
Mit dem obersten Meister, Rudolf Thumeisen, be=
deckten noch zwei seiner Söhne mit ihren Leichen
den Kampfplatz.   Neben dem alten Eberhard von
Reischach, der zu Zürich als Bürger aufgenommen,
nachher die Verordnungen wider das Reislaufen schwer
verletzend, sich eines Hauptverbrechens schuldig ge=
macht, dann aber in der Zeit der Gefahr seines neuen
Vaterlandes, um dieselbe zu theilen, bereits vor zwei

Jahren herbeigeeilt und freundlich aufgenommen worden war, fiel sein Sohn.   Neben noch zwei Brüdern
starb der unerschrockene Rudolf Gallmann von Met-
menstetten, der schon am Morgen, als vom Rückzug
die Rede war, mit dem Fuße auf die Erde stampfend,
mannhaft ausgerufen hatte: „Hier muß mein Kirch-
hof sein.‟   Daß diejenigen, die in schwierigen Ver-
hältnissen zur Vorsicht rathen, keineswegs um deß-
willen weniger standhaft, oder der Sache nicht getreu
seien, bewies Wilhelm Tönig, der nicht wich, indeß
andere sich retteten, die früher weit höher als er
gesprochen hatten.   Aus den fünf und zwanzig erschlagenen Geistlichen heben wir nur aus Konrad
Schmied, einen Mann von bedeutenden Kenntnissen,
großer Beredsamkeit, und mit einem Herzen, das
voll jener Milde war, die das Andenken, daß alles
Heil von Gott kommt, wirkt. Konrad Schmied, dessen Worte auf seine Gemeine einen solchen Einfluß
ausgeübt hatten, daß sechs und dreißig Männer von
Küßnacht sein blutiges Schicksal im Tode theilten;
Freiherr Theobald von Geroldseck, Vorsteher oder
Administrator des damals beinahe ganz verlassenen
Klosters Einsiedeln, der seit mehreren Jahren in
Zürich lebte, und in der höchsten Gefahr seiner
Freunde nicht zurückbleiben wollte; Wolfgang Joner,
Abt zu Cappel, geschmückt durch manche Tugend,
so daß viele aus den Siegern, die ihn kannten, in
diesem frommen und gottesfürchtigen Manne den
Verlust eines Freundes und Gutthäters mit gerührter
Wehmuth betrauerten.

Mitten unter diesen Edeln sank auch Ulrich

Zwingli. Zuerst von einem Steine getroffen, dann durch mehrere Stiche schwer verwundet, lag er ausgestreckt auf dem Rücken auf einer Stelle beim Scheuren- oder jetzigen Näfenhof, die noch gezeigt wird, mit gefalteten Händen, seine noch nicht gebrochenen Augen aufwärts zum Himmel gerichtet. So fanden ihn diejenigen, die nach der Entscheidung des mörderischen Kampfes, die mit Leichen und Hinsterbenden bedeckte Stätte des Todes durchspäheten. Ohne sich in seinen stillen Betrachtungen und tief gefaßten Ueberzeugungen irre machen zu lassen, erwiederte er Aufforderungen, die an ihn geschahen, mit einer verneinenden Bewegung des Hauptes, und erzürnt versetzte ihm ein Hauptmann Vockinger von Unterwalden mit seinem Schwerte den Todesstreich. Noch war er nicht erkannt, aber am folgenden Morgen, als der Tod des Mannes nicht mehr verborgen blieb, den viele Tausende kannten, und den mancher aus den älteren Kriegern vor zahlreichen Versammlungen und im fernen Welschlande den kampfbegierigen Eidgenossen einbringende Worte zur Besserung, zur Ermahnung und zur Tröstung hatte zurufen hören, wurde die entseelte Hülle durch Feuer in Asche verwandelt. So endete das irdische Dasein eines Mannes, der selbst ausgesprochen hatte: „Den Leib können sie tödten, die Seele nicht." Der Erinnerung würdig sind die edlen Worte Hans Schönbrunners, eines Conventherrn von Cappel, der dem erneuerten Glaubensbekenntniß nicht beigepflichtet, sondern bei dem alten geblieben war, und jetzt mit der katholischen Kriegsmacht im Felde stand. Wie der Haupt-

mann der römischen Wache von dem Weltheilande
bezeugte: „Wahrlich, er ist ein frommer Mann und
Gottes Sohn gewesen," so rief Hans Schönbrunner
bei dem Anblicke des Leichnams seines treuen Jün-
gers Zwingli, weit über Leidenschaft erhaben, aus:
„Welches auch dein Glaube gewesen, ich weiß, daß
du ein redlicher Eidgenosse warst; Gott sei deiner
Seele gnädig."

Unfern von Zwingli hatte auch sein Stiefsohn,
Gerold Meyer von Knonau, den heißen Kampf
nur im Tode geendet. Mit jugendlicher Kraft und
mit jugendlichem Muthe hatte er unter den Ent-
schlossensten Stand gehalten und gestritten. Er solle
sich ergeben und er werde geschont werden, riefen
ihm aus der Schaar der vordringenden Angreifer
biedere Männer zu, die ihn kannten und zu retten
wünschten; aber seine Seele war zu sehr durchdrun-
gen von der Größe des Gegenstandes, für den er
stritt, von Wehmuth über die vorgegangenen schweren Fehler und die schlechte Leitung, und von dem
Gedanken, um so viel größer sei die Pflicht derer,
die zum Kampfe sich entschlossen, die auf sich ge-
nommene heilige Sache und Zürichs Ehre zu retten,
auch von den Männern nicht zu scheiden, deren Alter, Stand und Beruf sie von der Theilnahme an
dem Schlachtgewühl frei gesprochen hätte. So hielten ihn nicht ab seine drei unmündigen Kinder, die
geliebte Genossin seines Lebens, eine theure schon
einmal zur Wittwe gewordene Mutter, und noch
weniger die Aussichten auf künftiges Glück, Ehre

und Beförderung. Die Familiennachrichten sagen
neben Andern von dieser seiner letzten That: „Hatt
er sich an der Schlacht daselbsten gar dapfer und
redlich erzeigt und gehalten, und wolt er sich nit
gefangen gäben, sagt es were Im loblicher ehrlich
gestorben, dan sich schantlich Inn die flucht oder
gefangen begäben.“ „Under welchen fürnemen Leuthen auch zu zehlen sind,“ spricht Bullinger bei der
Aufzählung der Erschlagenen, „Gerold Meyer
von Knonauw, der sich am streith nit wolte gefangen geben, sonder sich aus dermaßen Trostlich
gewehrt.“

Mit welchen Gefühlen, wie in tiefem Nach-
denken und inbrünstigem Gebete die Gattin und
Mutter bange Stunden durchbebt und durchwacht
habe; kann niemand bezweifeln. Das dumpfe Hal-
len des schweren Geschützes konnte sie in ihrer Woh-
nung hören. Die Kunde von den auf einander folgenden Boten, die zur Hülfe aufforderten, und zugleich die Stärke der Gegner und das Bedrängniß
der Angegriffenen schilderten, blieb ihr nicht verborgen; und die endliche schreckliche Nachricht, weit
entfernt auch nur einen Theil ihrer Besorgnisse zu
mildern, vereinigte das höchste Maß des Unglückes,
das unter diesen Umständen auf die Schwergeprüfte
fallen konnte. Kein Anblick, kein Gruß, weder Trost
noch Rath von einem ihrer Theuern war ihr mehr be-
schieden. Außer dem Gatten und dem Söhne waren
auch ihr Bruder, Bernhard Reinhard, ihr Tochter-
mann, Anton Wirz, der Gatte ihrer Schwester,

Hans Lütſchi, umgekommen *). Keine Hoffnung
blieb ihr, als diejenige auf die Gnade des Höchſten,
welche über alle waltet, ſo ihn fürchten. Ein Ge=
danke, der für jedes ruhige Gemüth Alles in ſich
faßt, zu dem aber das von unendlichen und mannig=
faltigen Leiden zerriſſene nicht immer ſich zu erheben
vermag; doch hielt ihr inniges Vertrauen ſie empor,
und wenn ſchon der Hinblick auf ihre verlaſſenen
Kleinen, die kindlich ihre Klagen theilten und ihre
Thränen mit den Ihrigen vereinigten, ihr trauriges
Loos im vollſten Umfange darſtellte, ſo blüheten doch
gerade aus dieſem Anblicke und dem damit verbun=
denen Gedanken, daß Gott getreu iſt und uns nicht
über unſer Vermögen verſuchen läßt, ſondern macht,
daß die Verſuchung ein ſolches Ende gewinne, daß
wir es ertragen können, neue Hoffnungen für ſie
auf. Zu edel, treu und von eigener Menſchenliebe
zu voll war ihr Herz, um einen Augenblick an der
Theilnahme guter Menſchen verzweifeln zu können.
War ihr Verluſt gleich unerſetzlich, ſo vereinigte ſich
doch bald um ſie her der Troſt und die Theilnahme
der Zahlreichen, denen ihr Unglück eben ſo ſehr zu
Herzen ging, als ihnen das Andenken an den gro=
ßen Mann, den ſie tief betrauerten, heilig war.

---

*) Martin Uſteri, der große Kenner der verfloſſenen
Jahrhunderte, ihres Charakters und ihrer Sprache,
dachte ſich in ſeinem rührenden Gedichte: „Der
armen Frow Zwinglin Klag" in die Stimmung
ihres Gemüthes hinein. Siehe Uſteri's ſämmtliche
Werke, 1. Bd., S. 89. Berlin bei Reimer 1831.

Wie aus Einem Munde und aus Einem Herzen
äußerten sich alle gegen sie, ermahnten sie zu stand=
haftem Glauben an Christum und seine Wiederkunft
und zum Vertrauen auf Gott in ihrer Trübsal und
zu einem gottseligen Sinn und Leben. Einige Stel=
len aus einem der vielen Trostbriefe, die sie erhielt,
mögen beweisen, mit welchen Gefühlen in der Nähe
und Ferne viele Tausende erfüllt waren.

„Der Vatter alles trosts, erleuchte Sein ange=
sicht mit frewden über euch," schreibt Simpert
Schenck, der früher Carthäuser war und später Re=
formator der Reichsstadt Memmingen wurde, „Ehr=
same, tugendsame, und in Gott meine geliebte:
Dann ich nit finden kan jemands anderen auff dem
weiten umbkreiß der erden, er seye wer er wolle,
der euch in ewerer trübsal trösten könne und möge,
weder Er allein. O deß weynbarlichen und kläglichen
tags! Darinn der teure Mann, mein lieber Zwing=
lius, mit so träffenlichen leuthen gefallen ist. —
Weil ich aber gewüßlich weiß, daß, wie niemand
lebendig machet, also auch niemand tödet weder der
Herr selbs, und allein wann, wie, wer, und durch
wen er will, und seinem willen niemand einred thun
mag, auch nit sol, (dieweil er einem jedem seines
leben ziel gesteckt hat, das niemand verrucken wird)
sol und muß ichs, wie auch billich, von hand geben,
und den Herren loben in seinen wercken: Dann sie
sind wahrlich gericht und gerechtigkeit, ohn allen falsch
und trug, voll aller barmhertzigkeit und güte. —
Sein Herr, ja ihr aller, die umb der warheit be=
kantnuß auff erden zwang leyden, hat etwan in

gleichen sylen (Seilen) gezogen, das ist, den aller-
schmählichsten tod unschuldig umb der warheit er-
litten; er, den unser gemeiner (gemeinschaftlicher)
Zwinglin also thewr, alß einer auff erden zu unser zeit geprediget. Es hand sich vil an Christus
tod geärgeret; ist kein wunder, ob sich mancherley
urtheil erheben werden auch von etlichen, die sich
Evangelisch vermeinen. Also ists je und je gesyn:
dann der glaub ist nit sichtbarlicher, sondern unsicht-
barlicher ding. — Ist das haupt Christus durch den
tod ins leben, wird lang kein glied dahinden bleyben.
O Fromme, liebe Fraw, seyt getrew! weder ihr
noch wir hand Zwinglin und die anderen verloh-
ren. Dann wer in Christum glaubt, hat das ewig
leben. — Ist hierum mein vermahnung, wann ihr
etwan, liebe Zwinglin, im hauß, bey den kinden,
bey euch, an der Cantzel, in der lection, bey den
gelehrten nit mehr leiblich finden, so erschrecken nit;
sind nit zuvil traurig; sonder gedencket, er seye im
hauß Gottes, bey allen kinderen Gottes, da er hört
den Mund der weyßheit, und das gespräch der Eng-
len u. s. f. — Wolan der Herr wird nichts an
seiner kirchen versaumen: wirds auch nit verlassen:
Sie wird nichts desterminder sighafftig fürfahren,
und wachsen: Geschichts nit in der Zahl (dann je
der glaub zun letsten Zeiten ein thewr Ding seyn
wird) wird es doch geschehen im wesen. — Behüte
und tröste euch selbs mit euweren kinderen der barm-
hertzige liebe Gott, und verleihe euch stercke im heiligen Geist, alle trübsal im Herren zu überwinden,
Amen. Lasset mich und mein Memmingen euch

gegen Gott in euwerem gebett befohlen seyn: Datum
zu Memmingen den IX. November 1531.“

   Hatte schon früher Anna Reinhard jedem
mit Geräusch verbundenen Lebensgenuße entsagt und
sich in die eben so schöne als wichtige Sphäre der
pflichttreuen Gattin, sorgsamen Mutter und mild-
thätigen Christin zurückgezogen, so hörte jetzt nach
diesem schweren Schlage für sie beinahe jede Berüh-
rung mit andern als ihren Nächsten auf. Sie lebte
vor allem aus, ihren verwaisten Kleinen, und mit
der nämlichen Muttertreue widmete sie ihren Rath
und ihre Fürsorge ihren Töchtern erster Ehe und
der eben so wie sie geprüften, von drei Waisen um-
gebenen verwittweten Schwiegertochter. Gott erheiterte ihr indeß noch die letzten Tage ihres Lebens.
Bald nahm Zwinglis würdiger Nachfolger, Heinrich Bullinger, den in seinem sieben und zwanzigsten
Lebensjahre, einzig durch das hohe Bedürfniß und
den inneren Werth des Erkorenen geleitet, der große
Rath von der Pfarre zu Bremgarten an die oberste
Pfarrstelle der zürcherschen Kirche berief, Anna,
als ein ehrwürdiges Angedenken an seinen großen
Vorgänger, mit ihren Waisen in seine Haushaltung
auf, und behielt sie bis an das Ende ihrer Tage
bei sich. Dieser ausgezeichnete Mann, der mit Weisheit und Festigkeit Milde, mit Weltklugheit Redlich-
keit vereinte, als umsichtiger Kirchenvorsteher, gründ-
lich rathender Staatsweise, vielseitiger Gelehrte und
frommer Theologe, unermüdeter Arbeiter, zugleich
noch treuer Rathgeber, Pfleger und Unterstützer eines Jeden war, der an ihn sich wandte, kurz alle

Eigenschaften in sich vereinte, die der heillge Paulus von dem Haupte einer Kirche verlangt (1 Tim. 3. Cap.), war auch nach dem Tode der Reinhard, Vater, Pfleger und Versorger der ihm so theuern Nachgelassenen. Von nichts anderm als wie sie Gott diente und ihren Nächsten liebte, sprechen die wenigen Nachrichten, die von dieser Zeit an über die fromme Dulderin auf uns gekommen sind. Nur durch ihren göttlichen Wandel, durch ihre eheliche Verbindung und durch ihre innige Anschließung an den Gatten hatte sie einen höhern und bleibenden Ruf erworben. Sie starb schon am sechsten December 1538.

Keines ihrer Kinder erreichte ein hohes Alter. Den ältesten Sohn, Gerold, haben wir auf die Todesstätte begleitet. Weil er historisch geworden ist, so mögen auch hier die von vielen Schriftstellern aus weniger nahen Veranlassungen aufgehobenen Notizen über ihn Platz finden. In allem frühzeitig, aber nirgends unreif, war er schon in seinem sechszehnten Jahre ein erwachsener Jüngling, der in seinem körperlichen Wuchs, Stärke und Gründlichkeit des Verstandes viele hinter sich zurückließ, die ihn an der Zahl der Jahre weit übertrafen. Der treue Pflegvater fand daher kein Bedenken, seinen Rath und seine Zustimmung zu dessen Verehelichung mit einer Gattin zu ertheilen, die noch in dem Jahre 1525 vollzogen wurde. Von seinem Ehecontractat, der so anfängt: „Inn dem Nammen der Hochgelobten Dryfaltigkeit Gott Vatter, Sohn und H. Geistes Amen. Wir" u. s. f. liefern die Familienschriften

nur ein kleines Bruchstück, das aber beweist, daß
er mit dem festen Vorsatze: „Ich und mein Haus
wollen dem Herrn dienen," in den heiligen Bund
der Ehe trat. Seine Frau, die Tochter eines Raths=
herrn in Zürich, hieß Küngold Dietschi. Das
Familienbuch nennt sie „ein Gottsförchtige, syne,
verstenbige und fürträffenliche Frow." Auf Weih=
nachten des Jahres 1527 wählte ihn die abeliche
Zunft in den großen Rath, und in den Jahren
1530 und 1531 wurde er auch zum Stadtrichter er=
nannt. Als am Neujahrstag 1531 unter der Lei=
tung Zwinglis und anderer gelehrter Männer der
Plutos des Aristophanes in der griechischen Ursprache
von einigen der gebildetesten und hoffnungsvollsten
jungen Männer, welche dem größern Theile nach
der Theologie bestimmt waren, aufgeführt wurde,
hatte Gerold die Rolle des Jünglings, und es
verdient bemerkt zu werden, daß der große Conrad
Geßner (der Plinius Teutschlands) diejenige der
πενια (Armuth) schon da spielte, ehe ihn noch die
Sorgen derselben im wirklichen Leben drückten. —
Gott segnete die fromme Ehe Meyers mit drei
Kindern. Den sechszehnten October 1526 wurde ihm
ein Söhnchen, Wilhelm, den fünfzehnten März
1528 ein zweites, Gerold, und am eilften Juni
1531, Dorothea geboren. Gwalter, Bullingers
Nachfolger, widmete den beiden Brüdern ein Büch=
lein, in dessen Vorrede er sagte: „So habendt Ir
myne fürgeliebte Schwäger, Wilhelm und Ge=
rold, ein bsunder Byspil an ůwerm lieben Vatter
seligen (das Ich von ůweren Altvorderen, die großes

nammens und ansächens, je und je gsyn, nüt sage)
welchen Ir nit wol, nit könend nachschlachen. Ja
sprich Jch, Jr habend üwern Vatter Gerold, der
— auch an glehrte, frombkeit und dapferkeit, gägen
Gott und unnserm Vatterland fürträffenlich gsyn ist.
Er ist inn der Gschrifft und guten Sprachen so
geübt gsyn, das er nach synem Stand und Alter
nit geüpter khöndte gsyn syn. — — Darzu habend
Jr ein herrlichen und guten Verstand, bie Ding alle
üch zur frombkeit und dapferkeit fürderlich sind. —
Das wüntscht auch mit vil süßen üwere ehrende
liebe Muter, von welcher liebe gägen üch, flyß,
zucht, wyßheit und gottsforcht ich dißmahlen gar nüt
sagen will, damit niemants achte, ich habe zlützel
(zu wenig) gredt. Darumb lieben Schwäger, wie
Jr angfangen habend, also farend für, es hatt Je-
derman ein gute Hoffnung zu üch, die erhaltend,
ja thund mehr, wen es üch möglich, dan man üch
verthruw." Von Wilhelm und Gerold, wovon
der erste sich mit Barbara von Bonstetten
verheirathete und am Neujahrstag 1570 am Schlage
starb, sowie auch von seinem Bruder Gerold, der
schon ein Jahr vorher gestorben und mit Dorothea
von Escher verehelicht war, mag wieder das Familienbuch Zeugniß geben: „Wilhelm was ein
hochgelehrter und inn Sprachen Griechscher, He-
braischer, und Latinscher wol erfarner Man; er hin-
derließ ein schöne Biblioteca. Dise Brüder warend
von Jugendt uf zum Studieren gezogen und warend
beid gen Capell gethan, alba es ein fürträffenliche
Schul gehept." 1549 widmete Conrad Geßner den

beiden von Knonau und noch einigen andern ge=
achteten Männern sein onomasticon propriorum
nominum.

Die älteste Tochter der Anna Reinhard, die
schon im ein und zwanzigsten Jahre zugleich mit der
Mutter zur Wittwe gewordene Margaretha starb
1549. Die jüngere, Agatha, war verheirathet an
den Rathsherrn Balthasar Keller, der mit vier=
zehn Wunden bedeckt für todt gehalten, auf dem
Schlachtfelde bei Cappel liegen geblieben, während
der Nacht sich wieder aufgerafft und sich gerettet
hatte. Ihr Todesjahr ist unbekannt.

Von den Zwinglischen Kindern war Regula
die älteste, an Schönheit, Anmuth, Frömmigkeit,
Geist und Milde das Ebenbild ihrer Mutter. Ihr
liebliches Aeußeres zeigt jetzt noch auf der zürcher=
schen Stadtbibliothek ihr von dem geschickten Hans
Asper verfertigtes Bildniß. Schon 1541 verheirathete
sie sich mit dem neben ihr unter Bullingers Leitung
in dessen Hause aufgewachsenen Rudolf Gwalter,
den kurz nachher noch in seinen Jünglingsjahren die
große Gemeine zu St. Peter in Zürich zu ihrem
Pfarrer wählte und der 1575, ein würdiger Nach=
folger Bullingers, als Antistes, an seine Stelle
trat. Das schöne gemeinsame Leben Gwalters
und seiner Frau mögen folgende Worte bezeugen:
„Mein Weib Regula, schreibt Gwalter, eine
Zierde der Matronen und meine treueste Gehülfin,
ist in beständiger Bekanntnuß des wahren Glaubens
nach der Menschwerdung Christi 1565, den vierzehn=
ten Wintermonath Morgen zwischen zwei und drei

Uhren selig verschieden. Sie hat mit mir in ver=
wunderlicher Eintrachtigkeit gelebt vier und zwanzig
ganzer Jahren lang, vierzehn Wochen und vier Tag.
Jetzt lebt ihr Geist in dem Himmel, der Leib ruhet
von aller Beschwerden und erwartet die selige Un=
sterblichkeit." In einem lateinischen Gedichte beklagt
Gwalter mit tiefer Ruhrung den großen Verlust,
den er an seiner Lebensgefahrtin erlitt und vergleicht
ihn mit demjenigen, den Abraham an seiner gelieb=
ten Sara und Jacob an der holden Rahel erduldete.
Regula, die, wie Anna Reinhard, ihre Kin=
der auch fruhe zur Gottseligkeit und zur Kirche an=
fuhrte, wo Gott geehrt und sein Wort gelehrt wird,
wurde das Opfer der großen Pest, die 1565 ihre
Verheerungen weit verbreitete.

Wilhelm gewahrte in seinen fruhen Jahren
große Hoffnungen, wurde zu Fortsetzung seiner Stu=
dien nach Straßburg geschickt, aber schon 1541
pfluckte der Tod die schöne Knospe eben als sie auf=
zubluhen begann. Ulrich, 1528 geboren, gerade
als sein Vater sich auf der Disputation zu Bern
befand, erhielt im neunzehnten Jahre zu Basel die
Wurde eines Magisters der Philosophie und starb
zu Zurich als Professor der Theologie 1571. Ein
Madchen, Anna, geboren 1530, nahm Gott fruh=
zeitig zu sich.

Zum Schluße theilt der Verfasser noch ein sehr
gelungenes Gedicht seines theuern Freundes, Herrn
Professor Karl Forster in Dresden mit, in wel=

4

dem er die Wiederversöhnung des Großvaters Meyer
mit seinem Enkel und seiner Sohnestochter besingt.
Weicht auch das Gedicht von der Geschichte in einigen ab, so nimmt dieß der Poesie nichts an ihrem
Werth und der Leser entschuldigt die poetische Licenz
gerne.

Anna's Neujahr.

Neues Jahr war aufgegangen,
rings bot Lippe sich und Hand,
und gegeben und empfangen
wurde Gruß und Liebespfand.

Durch das Fenster blickte trauernd-
Anna nur zum Himmel auf,
ach! und überdachte schauernd
langer Monde trüben Lauf;

hat kaum Thränen noch zu spenden,
seit sie kniet' am offnen Sarg,
drin mit ihren treuen Händen
sie des Gatten Hülle barg. —

Arme, sänft'ge deinen Jammer!
Einst bei Lied und Glockenklang
birgt auch dich die dunkle Kammer,
und das Leben ist nicht lang.

Ist ja doch das Bild des Lieben —
ein lebendig Conterfei —
in dem Söhnlein dir geblieben,
daß es Trost und Lust dir sei,

in des Söhnleins Engelzügen,
dunklem Aug' und goldnem Haar,
festem Ernst und stillem Fügen
und der Rede süß und klar! —

Doch was frommt das süße Weben,
was der Wangen lichter Schein?
Alles kann nur Schmerz ihr geben,
und die Freude zieht nicht ein.

Denn die harten Eltern hassen,
die der Sohn sich angetraut;
Anna sitzt und weint verlassen,
und kein tröstend Wort wird laut;

kann nun Keinen Vater nennen,
seit des ersten Auge brach
und der zweite sie nicht kennen,
nicht mit Augen sehen mag.

Wenn sie nun zur dunkeln Erden
endlich sich hinabgeweint,
was soll aus dem Söhnlein werden
ohne Schutz und ohne Freund?

Fremde mögen sich nicht kümmern
um das vaterlose Kind,
ungerührt bei seinem Wimmern
und für seine Thränen blind.

Anna schaut mit bangem Zagen
durch das Fenster himmelan,
und ihr Auge scheint zu fragen:
„Herr, was hab' ich dir gethan?" —

4 *

Draußen tönen hell die Glocken,
festlich zieht's zum Kirchenthor,
und im Zug mit goldnen Locken
strahlt ein Knäblein hell hervor;

will für seine Mutter flehen,
die daheim in Thränen schwimmt,
zu dem Vater, der die Wehen
gern von seinen Kindern nimmt.

Und des Weges zieht der Reigen,
an des Münsters Hochaltar
vor dem Herrn die Knie zu beugen
für die Lieb' im alten Jahr.

Doch zu schauen, was geschrieben
hoch an einem schönen Haus,
tritt, von kind'scher Lust getrieben,
aus dem Zug der Knab' heraus;

steht und faltet fromm die Hände,
liest — und fühlt sein Auge feucht —
liest das Sprüchlein bis zu Ende, —
sieh, da wird's ihm seltsam leicht!

Also war der Spruch geheißen:
„Ruf' zum Herrn in deiner Angst;
„gnädig will er sich erweisen,
„so du gläubig ihn verlangst." —

Und es weilen Viel' und sehen
nur das fromme Knäblein an;
ist ja in des Kindes Flehen
Himmel gleichfalls aufgethan!

Und den reichen Schultheiß führet
Festesandacht auch vorbei,
und er sieht und forscht gerühret,
weß das fromme Büblein sei. —

„Herr, Ihr wollt das Kind nicht kennen,
„Eures Sohnes einzig Kind?
„Weh, daß die nach Euch sich nennen,
„nackt und bloß in Frost und Wind!“

Und der Schultheiß, tiefbeklommen
von dem schwergewicht'gen Wort,
eilet anders, denn er kommen,
durch die Menge schweigend fort.

Auch das Knäblein ist gegangen,
hat beim Lied vom hohen Chor
helle Freude drinn empfangen,
hell und frisch, wie Maienflor.

Und nun treibt's ihn, heimzufliegen;
Ahnung aus dem Aug' ihm flimmt,
als er dort, schon auf den Stiegen,
fremder Stimme Laut vernimmt.

Ja, es hat ihn nicht betrogen! —
Anna liegt in Vaters Arm,
der sie fest ans Herz gezogen,
innig, selig, liebewarm.

Ueber ihre bleichen Wangen
rollen Thränen, lind und hell;
freudig fühlt sie aufgegangen
neuer Liebe reichen Quell.

Neus Jahr' und neues Lieben
hat auch neue Lust gebracht;
Viel ist hin, doch Viel geblieben,
Sternenlicht in heitrer Nacht.

„Töchterlein, hast ausgelitten!"
ruft der liebesfrohe Gast,
und der Knabe steht inmitten,
hält sie selig Weib' umfaßt. —

Kind, wie ist dein Spruch geheißen?
„Ruf' zum Herrn in deiner Angst;
„gnädig will er sich erweisen,
„so du gläubig ihn verlangst."

CPSIA information can be obtained at www.ICGtesting.com
Printed in the USA
BVOW06s1640200913

331738BV00005B/55/P

9 781279 990131